글 | 이영민
성균관대학교 국어국문학과를 졸업했습니다.
동화 작가들의 모임에서 어린이 책 작가로, 출판사에서 기획편집자로 일했으며
지금은 어린이들의 지식과 정서의 밑바탕이 될 좋은 책을 쓰기 위해 노력하고 있습니다.
쓴 책으로는 〈세상을 깜짝 놀라게 한 오천년 우리 과학〉,
〈옛날 왕들은 똥을 누고 무엇으로 닦았을까?〉,
〈사라지거나 달라진 우리 옛 직업〉, 〈왜 0등은 없을까?〉 등이 있습니다.

그림 | 우연이
그림 그리는 것이 행복한 작가입니다. 아이들에게 선물하는 마음으로 그림을 그립니다.
대학에서 조소를 공부하고 지금은 일러스트레이터로 활동하고 있습니다.
그린 책으로는 〈내일은 리더〉, 〈김용택 선생님이 챙겨 주신 책가방 동시집〉,
〈아이작의 파닉스 사전〉, 〈그래서 이런 말이 생겼대요〉 등이 있습니다.

감수위원 | 홍기승
서울대학교 국사학과를 졸업하고 같은 학교 대학원 박사 과정을 마쳤습니다.
한국고대사를 공부하고 있으며 현재 서울대학교에서 강의를 하고 있습니다.

누리 한국사 18 청해진, 세계와 통하다

글 이영민 | 그림 우연이 | 감수 홍기승 | 펴낸이 김의진 | 기획편집총괄 박서영 | 편집 김빈애 정재은 김한상 | 글 다듬기 박미향 | 디자인 수박나무
제작·영업 도서출판 누리 | 펴낸곳 Yisubook | 주소 경기도 고양시 일산동구 일산로67, 3층 | 고객상담실 080-890-7000
잘못된 책은 바꾸어 드립니다. 이 책에 실린 글이나 그림을 무단으로 복사, 복제, 배포하는 것을 금합니다.
⚠ 1. 사람을 향해 던지거나 떨어뜨리지 마십시오. 2. 고온 다습한 장소나 직사광선이 닿는 장소에는 보관하지 마십시오.

청해진, 세계와 통하다

글 이영민 그림 우연이

신라는 어떻게 교역의 중심지가 되었을까요?

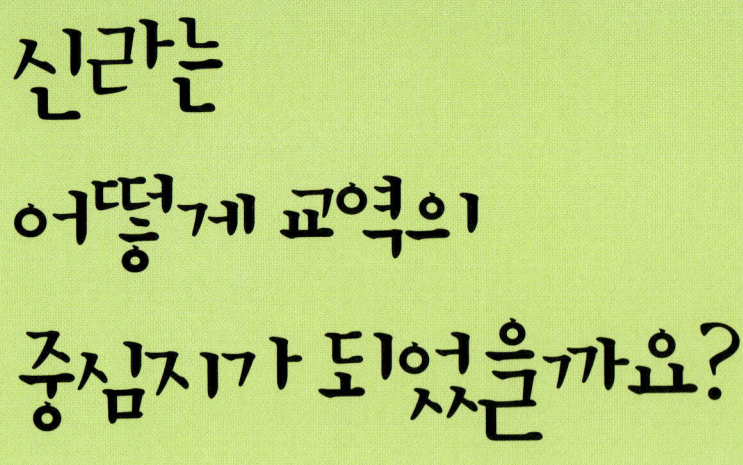

신라는 삼국을 통일한 뒤 뛰어난
항해술과 배를 이용하여
당나라, 일본과 활발하게 교류했어요.
신라는 멀리 서역에서부터 이어지는
바닷길의 한 축이 되었어요.
어떻게 그럴 수 있었을까요?

당나라를 오가며 장사를 하면 돈을 많이 벌 수 있어.

신라 상인들

신라가 삼국을 통일하고 150년 가까이 흘렀어요.
신라는 당나라와 활발하게 오갔어요.
공부를 하는 학생들과 불교를 배우려는 승려들이
당나라로 건너가 신라의 이름을 빛냈어요.
상인들은 바닷길을 이용해 물건을 사고팔았어요.
당나라를 거쳐 신라를 찾아오는 아라비아 상인도 있었어요.
그들은 서역의 보석이며 향료, 유리 제품을 들여와
서라벌의 귀족들에게 팔고 신라의 인삼이며
비단을 당나라로 가져가 팔았지요.

당나라와 신라의 물건을 일본에 가져다 팔기도 했어요.
세계 여러 나라의 사람들과 온갖 물건이
모여든다는 당나라, 그곳으로 건너가는
신라 사람들 중에 장보고와 정년이 있었지요.

"정년아, 드디어 당나라에 도착했어!"
"형, 우리가 당나라에 오다니 꿈만 같아."
당나라 항구는 배와 사람과 물건이 넘쳐 났어요.
신라 말과 당나라 말, 알 수 없는 말이 뒤섞여 들려왔지요.
장보고와 정년은 신라 사람들이 모여 사는 신라방으로 갔어요.
신라방은 쉴 곳을 찾아온 상인들, 배를 수리하러 들른 선원들,
공부를 하러 떠나온 귀족들로 북적였어요.
오래지 않아 장보고와 정년은 당나라 군사가 되었어요.

장보고는 당나라에서 큰 공을 세워 제법 높은 지위에 올랐어요.
그런데 장보고에게는 또 다른 꿈이 있었어요.
신라 배를 타고 바다를 누비는 상인이 되는 것이었지요.
어느 날 장보고가 항구에 나와 있을 때였어요.
"제발 신라로 돌려보내 주세요."
당나라 해적에게 잡혀 노예로 팔려 가는 신라 사람의 목소리였어요.
"군인을 그만두고 배를 타야겠다.
해적들로부터 바닷길과 신라 사람들을 지켜야겠어."
정년이 말렸지만 장보고는 당나라 군대를 그만두었어요.

장보고는 적산포로 가서 신라 배를 탔어요.
배가 바다 한가운데에 이르렀을 때였어요.
"해적이다! 해적이 나타났어!"
해적들의 배가 쏜살같이 다가오자 장보고가 외쳤어요.
"도망가는 척하며 배를 옆으로 빼고 화살을 쏘시오!"
장보고의 지시에 따라 모두 일사불란하게 움직였어요.
예상치 못한 반응에 해적들은 몹시 당황했어요.
장보고는 해적들의 배로 건너가 해적 두목을 베었어요.
"와, 해적을 이겼다! 장보고 만세!"
그 뒤에도 장보고는 여러 번 해적들을 무찔렀어요.
장보고의 소문은 멀리까지 퍼져 나갔어요.

바닷길이 안정되자 장보고는 배를 여러 척 사서 장사를 시작했어요.
당나라와 신라는 물론 아라비아 사람들과도 거래했지요.
장보고는 곧 상인으로 이름을 날렸어요.
"신라 사람들이 도움이 필요할 때 찾아갈 곳을 만들어야겠다."
장보고는 적산포에 '법화원'이라는 절을 지었어요.
법화원은 언제나 신라 사람들로 북적였어요.
신라 사람들의 또 다른 고향이 된 거예요.

수많은 신라 사람이 바닷길에서 활약했지만
정작 신라 땅은 교역의 중심이 되지 못했어요.
해적들도 끊이지 않았어요.
'신라로 돌아가서 해적들을 뿌리 뽑고
신라를 교역의 중심지로 만들어야겠다.'
장보고는 신라로 향했어요.
흥덕왕이 반갑게 맞았어요.
"그대가 장보고인가?"
"전하, 신라 사람들이 당나라에서 노예로 팔려 가고 있사옵니다.
바닷길 가까운 청해에 군대를 두어
해적을 없애도록 허락해 주시옵소서."
흥덕왕은 기꺼이 허락했어요.
"장보고를 청해진 대사로 임명하고
1만 군사를 주어 바다를 지키게 하라."

청해진은 일본과 당나라를 오가는 배들이 지나는 길목이었어요.
장보고는 군사를 훈련하고 배를 만들 터를 닦았어요.
그런 다음 신라와 당나라 배의 좋은 점을 연구하여
빠르고 튼튼한 배를 여러 척 만들고
군사를 뽑아 바다에서도 잘 싸울 수 있도록 훈련시켰어요.

처음에 해적들은 장보고의 배가
상인의 배인 줄 알고 덤벼들었어요.
"해적들이 나타났다. 전투를 시작하라!"
장보고의 명령에 군사들이 한 몸이 되어 움직였어요.
"앗, 장보고의 군대다!
모두 달아나라!"
해적들은 잘 훈련된 군사들의 상대가 되지 못했어요.
게다가 장보고는 바닷길을 손바닥 들여다보듯 잘 알고 있어서
해적들이 어디로 도망가든 끝까지 쫓아가 잡았어요.
신라 남쪽 바다에서 해적들은 자취를 감추었어요.
당나라와 신라, 일본을 오가는 배들은
모두 안전한 청해진 뱃길을 이용하게 되었어요.

장보고는 일본에 있는 신라 사람들을 통해
신라 물건을 일본에 팔았어요.
서역에서 들여온 귀한 물건들은
일본에서 큰 인기를 끌었어요.
청해진은 하루가 다르게 발전해 나갔어요.
한꺼번에 수십 척의 배를 댈 수 있는 항구에는
당나라와 신라 사람들, 갖가지 물건으로 넘쳐 났어요.
비단이며 자기, 인삼, 모피 등
온갖 물건이 배에 실리고 내려졌지요.
청해진은 바야흐로 세 나라를 잇는
교역의 중심이 되었어요.

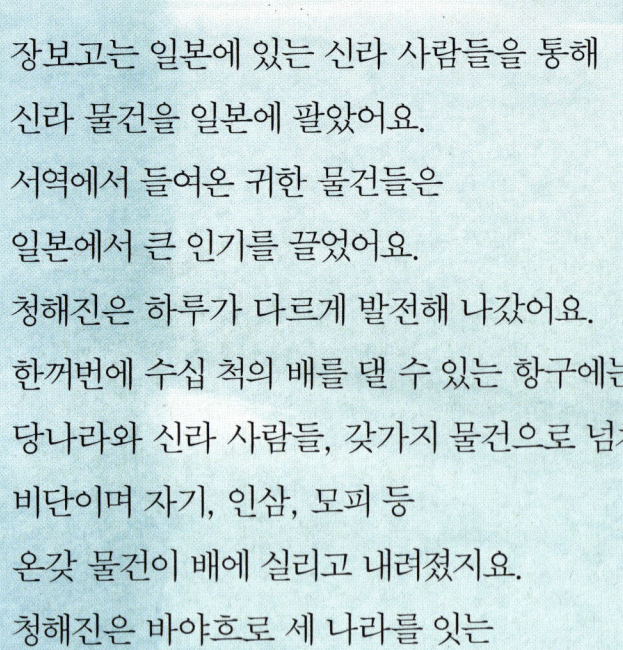

장보고가 청해진에서 명성을 떨치고 있을 때,
당나라에서 헤어졌던 정년이 찾아왔어요.
장보고는 정년을 반갑게 맞이하고 청해진에서 일하도록 했어요.
얼마 지나지 않아 또 다른 손님이 왔어요.
서라벌에서 김우징이라는 귀족이 부인과 자식을 데리고 찾아온 거예요.
"목숨이 위태로워 도망쳐 온 길이오. 부디 우리를 지켜 주시오."
그즈음 서라벌에서는 왕위를 놓고 귀족들 사이에 다툼이 심했어요.
김우징은 그 다툼에서 밀려나 청해진으로 내려온 거였어요.
장보고는 자기를 믿고 찾아온 사람을 모른 척할 수 없어
김우징을 청해진에 머물게 했어요.

그러던 어느 날, 귀족이 왕을 죽이고
스스로 왕이 되었다는 소식이 들려왔어요.
김우징이 장보고에게 말했어요.
"나라를 망치는 자들을 더는 두고 볼 수 없소.
군사를 빌려 준다면 임금의 원수를 갚고 신라를 바로잡을 것이오.
또한 내 아들을 대사의 딸과 혼인시키겠소."
장보고는 고민 끝에 말했어요.
"옛말에, 정의를 알고도 행동하지 않는 것은
용기가 없는 것이라 했으니, 그 말씀에 따르겠습니다."
장보고는 정년에게 군사 5천을 주어 서라벌로 보냈어요.
장보고의 군대는 왕을 끌어내리고 김우징이 새 왕이 되도록 도왔어요.

왕이 된 김우징은 장보고에게 높은 벼슬과 땅을 내렸어요.
하지만 병에 걸려 6개월 만에 죽고 말았어요.
뒤이어 김우징의 아들이 왕위에 올랐어요.
새 왕은 아버지의 약속대로 장보고의 딸을 왕비로 맞으려고 했어요.
그런데 귀족들이 반대하고 나섰어요.
"장보고는 신분이 천하옵니다.
그런 자의 딸을 왕비로 맞을 수는 없사옵니다."
장보고는 귀족들의 반대를 전해 듣고 불같이 화를 냈어요.
귀족들은 장보고가 서라벌로 쳐들어올까 봐 두려웠어요.
그래서 장보고의 옛 부하인 염장에게
장보고를 죽이도록 했어요.
이러한 사실을 알 리 없는 장보고는 자신을 찾아온
염장에게 술자리를 베풀었다가 목숨을 잃고 말았어요.

우두머리를 잃은 청해진은 오래지 않아 없어졌어요.
청해진 사람들도 뿔뿔이 흩어졌지요.
그 뒤 청해진을 밑거름 삼아 신라에는 또 다른 장보고가 여럿 생겨났어요.
후삼국을 통일한 왕건도 그렇게
힘을 키운 세력이었답니다.

신라와 당나라의 교류

삼국 통일 후 신라는 다른 나라와 활발히 교류했어요.
그중에서 당나라와 가깝게 오갔는데, 신라와 당나라는 어떻게 교류하였는지 살펴보아요.

신라의 귀족들이 좋아했던 당나라의 물건들

신라가 당나라에서 수입한 물품들은 주로 비단옷이나 책, 차, 도자기, 금은 세공품처럼 값비싼 사치품이 많았어요. 당나라의 비단과 금은 세공품은 빛깔이 곱고 화려해서 신라의 귀족들에게 큰 인기를 끌었어요.

당나라에서 많이 팔린 신라의 물건들

신라가 당나라로 수출한 물건들은 농산물이나 작은 공예품이 많았는데 점차 기술이 발달하면서 비단이나 금은 공예품도 수출하게 되었어요. 신라에서 만든 칼은 날카롭고 단단해서 인기가 매우 좋았고, 인삼과 작은 말도 당나라에 많이 팔린 수출품이었어요.

첩화인물무늬 주전자

삼채 뼈단지

해수포도무늬 동경

인삼

백자 완

청자 꽃모양 완

삼채 인화원앙무늬 베개

당나라의 관리였던 신라 사람 최치원

최치원은 열두 살에 당나라로 건너가 과거 시험에 합격하여 관리가 되었어요. 당나라에서 최치원은 뛰어난 글 솜씨로 이름을 날렸어요. 신라로 돌아온 후 왕에게 신라의 제도를 고치자는 개혁안을 담은 편지를 썼지만 뜻을 이루지 못했어요. 최치원은 골품 제도의 굴레 때문에 뜻을 펼치지 못하고 산으로 들어가 남은 평생을 학문을 연구하면서 살았어요.

최치원

공부를 하기 위해 당나라로 간 사람들

당나라와 교류가 활발해지자 불교나 유학을 공부하기 위해 당나라로 떠나는 사람도 많아졌어요. 그들 중에는 골품 제도 때문에 신라에서 출세하기 힘들었던 육두품이 많았어요. 당나라는 외국에서 온 유학생들을 지원해 주고, 과거 시험을 보게 해 주었기 때문에 마음껏 꿈을 펼치기에는 당나라가 낫다고 생각한 거예요.

신라 사신이 그려진 당나라 벽화

당나라에 생긴 신라 사람들의 마을과 절

신라 사람이 많아지면서 당나라에는 신라 사람들이 모여 사는 마을이 생겼어요. 바로 신라방이지요. 신라방이 늘어나자 당나라 정부는 신라소라는 관청을 두어 신라 사람들이 스스로 마을을 다스리도록 했어요. 한편 장보고는 적산법화원이라는 절을 세워 당나라에 간 신라 사람들과 승려들이 머무를 수 있게 했어요. 법화원은 신라와 당나라를 잇는 연락 기관 역할을 했어요.

적산법화원

해상 무역의 중심, 청해진

청해진은 당나라와 신라, 일본을 잇는 무역의 중심지였어요.
해상 왕국 신라를 이룩했던 장보고와 청해진에 대해 알아보아요.

청해진은 하늘이 내린 요새

장보고가 청해진을 건설한 곳은 지금의 전라남도 완도예요. 완도는 바다가 깊어 큰 배를 댈 수 있고, 태풍을 피할 수 있는 자연환경을 갖춘 곳이어서 해상 무역에 안성맞춤이었어요. 장보고는 이곳에 성을 쌓아 해적들을 감시하고, 외국의 배들이 드나들 수 있도록 했어요. 고려 시대 때 몽골군에 맞서 끝까지 싸운 삼별초의 기지가 있었던 진도도 완도의 이웃 섬이랍니다.

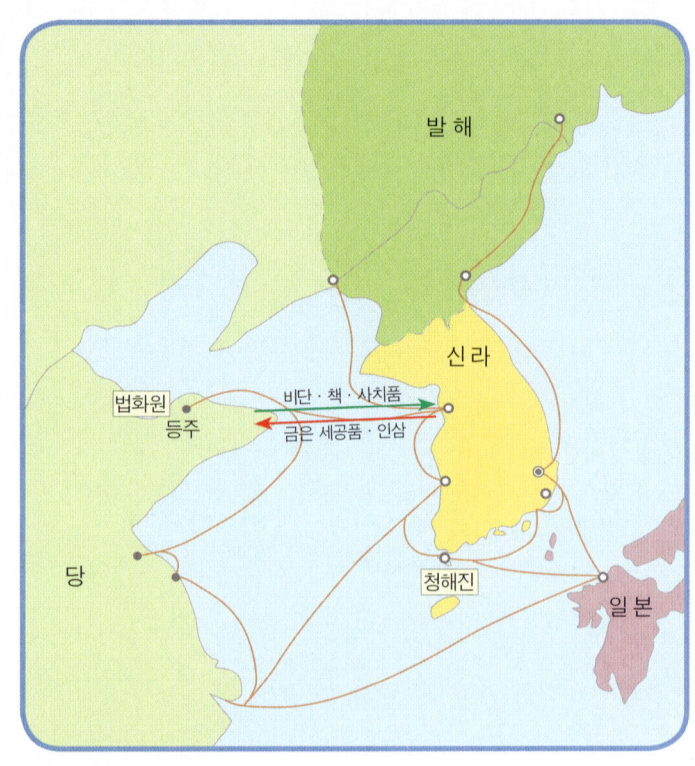

청해진의 위치와 무역 활동

해상 무역의 중심지가 된 청해진

장보고는 해적들을 없애고 당나라와 일본 사이에서 중개 무역을 시작했어요. 당나라의 진귀한 물건들을 들여와 비싼 값으로 일본에 되팔았지요. 청해진은 물건을 사고팔려는 외국의 배들로 북적거리게 되었어요.

청해진

일본도 탐낸 신라의 배

일본에서도 인정하고 탐낸 신라의 배는 두 개 이상의 돛을 돌려 가며 지그재그로 항해하여 바람의 방향에 맞서서 나아갔어요. 장보고가 만든 배의 바닥은 V자에 가까운 모양이어서 해류나 파도를 헤치기 알맞았어요. 또 칸막이를 이용해 선실을 여러 칸으로 만들어 배의 일부가 부서지더라도 가라앉지 않았어요.

장보고 무역선

위세가 대단했던 청해진과 장보고

장보고는 해상 무역권을 손에 넣고 당나라와 일본의 정부와도 오갔어요. 일본 조정에 무역선과 사신을 보냈고 당나라에도 교역선을 보냈어요. 장보고의 힘이 얼마나 대단했던지, 일본의 관리가 장보고에게 편지를 보내 승려 엔닌이 당나라에 들어가고 돌아올 때 도와 달라고 부탁한 일도 있어요.

장보고가 죽은 뒤 청해진도 몰락

장보고는 김우징이 왕이 되도록 도왔어요. 하지만 장보고의 힘이 커지자 중앙의 귀족들은 염장을 보내 장보고를 죽이고 말지요. 장보고가 죽은 뒤 장보고의 아들과 부하들이 청해진을 지켰지만 오래지 않아 그들도 염장과 중앙 군대에 죽임을 당한답니다. 청해진의 시대가 끝나면서 신라도 대외 교류가 줄어들고 점차 몰락하게 되었어요.

장보고

궁금하다, 궁금해!

Q1. 장보고는 원래 장씨가 아니었다고요?

A1. 장보고의 어릴 적 이름은 궁복이었어요. 활을 잘 쏘는 아이라는 뜻이었어요. 신라 시대에는 귀족들만 성을 가질 수 있었기 때문에 출신이 낮은 장보고는 성이 없었지요. 장보고는 당나라에서 관리가 된 후에야 자신의 성을 '장'으로 정해서 쓰기 시작했어요.

장보고

Q2. 장보고가 일본의 신이 되었다면서요?

A2. 일본의 어떤 절에는 장보고를 그린 '신라명신'이라는 그림이 모셔져 있어요. 장보고에게 도움을 받은 일본의 승려 엔닌이 일본으로 돌아가 만든 것이었어요. 장보고를 가문의 수호신으로 받든 사람도 있어요. 일본 사람들은 장보고를 신으로 모시고, 바다를 항해할 때 안전하게 지켜 달라고 빌었다고 해요.

Q3.
신라가 누구나 살고 싶어 하는 나라라고요?

A3.
☞ "신라를 방문한 여행자는 누구나 정착해 다시 나오고 싶어 하지 않는다. 그곳이 매우 풍족하고 이로운 것이 많기 때문이다. 신라 사람들은 개나 원숭이의 목줄도 금으로 만든다." 중세 이슬람의 지리학자 알 이드리시가 쓴 글이에요. 약간 과장되었지만 신라가 대외 교류로 먼 나라에까지 이름이 알려졌음을 보여 주지요.

서역인 모습을 한 괘릉 무인상

Q4.
염장은 어떤 사람이에요?

A4.
염장은 장보고의 부하였어요. 하지만 왕의 편에 서서 장보고를 죽이고 벼슬을 받았어요. 장보고가 죽은 후 장보고를 따르던 사람들이 반란을 일으키자 그들을 토벌한 사람도 염장이었어요.

Q5.
장보고는 왜 당나라로 갔지요?

A5.
☞ 장보고는 섬 출신의 신분이 낮은 소년이었어요. 골품제가 엄격한 신라에서는 뜻을 펴기 힘들었지요. 그래서 신라를 떠나 능력을 인정해 줄 당나라로 간 거예요. 장보고는 당나라에서 뛰어난 무예 실력을 인정받아 장교가 되었어요. 당시에는 신분제를 벗어나 뜻을 펴고자 하는 사람들이 당나라로 가곤 했어요.

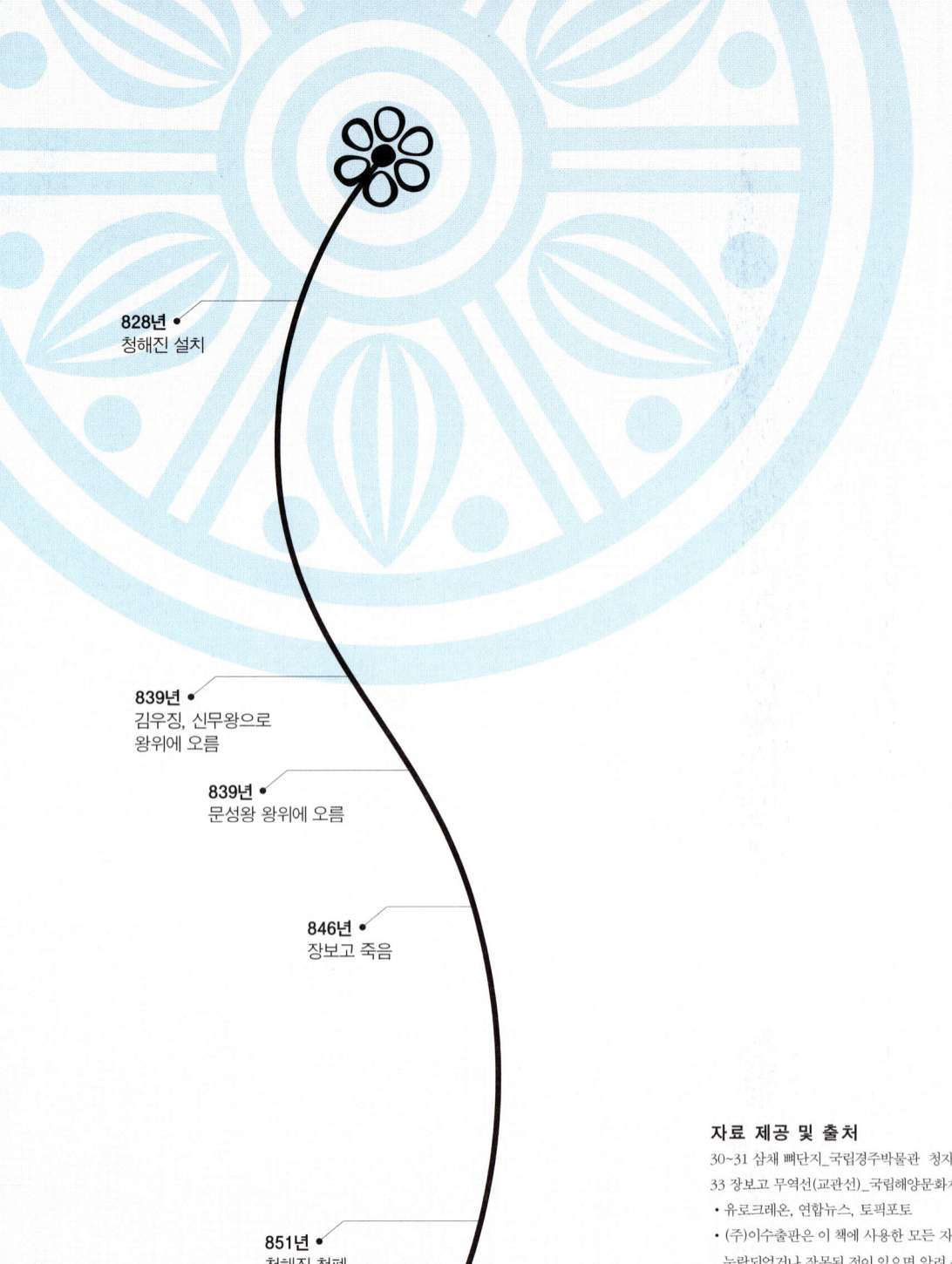

- **828년** 청해진 설치
- **839년** 김우징, 신무왕으로 왕위에 오름
- **839년** 문성왕 왕위에 오름
- **846년** 장보고 죽음
- **851년** 청해진 철폐
- **907년** 당나라 멸망

자료 제공 및 출처
30~31 삼채 뼈단지_국립경주박물관 청자 꽃모양 완, 백자 완_미륵사지유물전시관
33 장보고 무역선(교관선)_국립해양문화재연구소
- 유로크레온, 연합뉴스, 토픽포토
- (주)이수출판은 이 책에 사용한 모든 자료의 출처를 밝히기 위해 최선을 다했습니다. 누락되었거나 잘못된 점이 있으면 알려 주십시오. 바로잡겠습니다.

일러두기
- 맞춤법, 띄어쓰기는 국립국어원에서 펴낸 <표준국어대사전>을 기준으로 삼았습니다.
  단, 역사 용어의 표기와 띄어쓰기는 교육인적자원부에서 펴낸 <교과서 편수 자료>를 따르되, 어려운 용어는 쉽게 풀어 썼습니다.
- 외국 인명, 지명은 국립국어원의 <외래어 표기 용례집>을 따랐습니다.
  단, 중국 인명은 신해혁명을 기점으로 한자음과 현지음으로 나누었고, 중국 지명은 현지음에 따랐습니다.

누리 한국사

★ 생활 문화사

선사 시대	★01 구석기 생활 문화	동굴 소년 재간손이
	★02 신석기 생활 문화	움집 소년 큰눈이
	★03 청동기 생활 문화	청동 소년 번득이
고조선	04 고조선	단군이 세운 고조선
삼국 시대	05 신라 건국	여섯 마을이 세운 신라
	06 고구려 건국	주몽이 세운 고구려
	07 백제 건국	한강에 자리 잡은 백제
	08 가야	철로 일어선 가야
	09 백제 전성기	근초고왕, 강한 백제를 만들다
	★10 백제 생활 문화	기와 공방 일꾼 다리
	11 고구려 전성기	거침없이 뻗어 나가는 고구려
	★12 고구려 생활 문화	재주꾼 달기, 달을 쏘다
	13 신라 전성기	진흥왕, 한강을 손에 넣다
	14 신라 불교 수용	이차돈을 잃고 불교를 얻다
	15 수·당의 침략	수·당을 물리친 고구려
	16 삼국 통일	세 나라를 통일한 신라
남북국 시대	17 발해	크고 강한 나라 발해
	18 통일 신라 대외 교역	청해진, 세계와 통하다
	★19 신라 생활 문화	시골 소년 해련의 서라벌 여행
	★20 통일 신라 불교문화	수동이와 토함산 산신령
	21 후삼국	다시 세 나라로 나뉘다
고려	22 고려 건국	마음을 얻어 나라를 세우다
	23 고려 기틀 다지기	광종이 노비를 풀어 준 까닭은?
	★24 고려 신분과 생활	천방지축 고려 소녀 단이
	25 거란 침입	세 번의 침입, 고려의 승리
	★26 고려 대외 교류	벽란도에 간 아청이
	27 문벌 귀족의 혼란	이자겸의 난과 묘청의 난
	28 무신 정변	무신의 시대
	★29 천민의 난	이대로는 살 수 없다
	30 몽골의 침략	대제국 몽골의 침략을 받다
	★31 고려 불교문화	부처님, 형을 돌려주세요
	32 공민왕의 개혁 정치	원나라 옷을 벗어 던지다
조선	33 조선 건국	새로운 나라를 꿈꾸다
	34 조선 기틀 다지기	왕의 힘이 강해져야 해
	35 조선 문화 발달	세종은 왜 한글을 만들었을까?
	★36 조선 양반 생활	명나라 지도책을 선물할 테야
	★37 조선 농촌 생활	들돌을 들어야 일꾼!
	38 사림 정치	바른 소리로 나라를 이끌다
	39 임진왜란	온 백성의 힘으로 왜적을 물리치다
	40 병자호란	항복할 것인가, 싸울 것인가
	41 영조의 탕평책	탕탕평평, 치우치지 마라
	42 정조의 개혁 정치	화성에 꽃핀 정조의 꿈
	43 실학	쓸모 있는 학문을 연구하다
	★44 조선 후기 사회 변화	소예와 맹 도령
	★45 조선 후기 여성의 삶	언니 시집가는 날
	46 농민 봉기	세금에 짓눌린 농민들
	47 흥선 대원군의 정치	흔들리는 나라를 바로 세워라
개화기	48 조선의 문호 개방	조선, 항구를 열다
	49 개화기의 혼란	임오군란과 갑신정변
	50 동학 농민 운동	농민군이 꿈꾼 세상
	51 대한 제국	황제의 나라가 되다
	★52 개화기의 변화	달라진 한양이 궁금해
일제 강점기	53 을사조약과 국권 상실	나라를 빼앗기다
	54 항일 계몽 운동	나라를 지키려는 노력
	★55 일제의 경제 수탈	땅도 쌀도 빼앗기고
	56 3·1 운동과 임시 정부	대한 독립 만세!
	57 무장 독립 운동	독립군의 빛나는 승리
	★58 일제의 민족 말살 정책	내 이름은 봉구
대한민국	59 광복과 분단	두 개로 나뉜 한반도
	60 민주주의와 경제 발전	발전하는 대한민국